Impressum
Verlag: BABADADA GmbH, Nedderfeld 112 , 22529 Hamburg
Geschäftsführer / Verlagsleitung: Harald Hof
Druck: Books on Demand GmbH, In de Tarpen 42, 22848 Norderstedt

Imprint
Publisher: BABADADA GmbH, Nedderfeld 112 , 22529 Hamburg, Germany
Managing Director / Publishing direction: Harald Hof
Print: Books on Demand GmbH, In de Tarpen 42, 22848 Norderstedt

duɗal

colegio

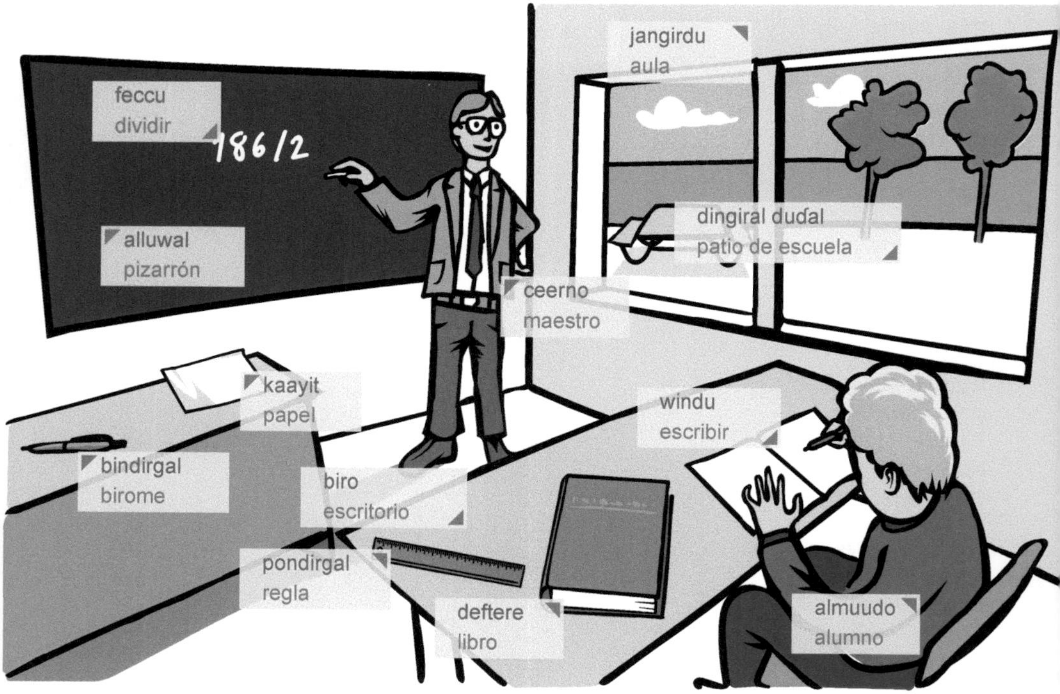
jangirdu
aula
feccu
dividir
186/2
alluwal
pizarrón
dingiral duɗal
patio de escuela
ceerno
maestro
kaayit
papel
windu
escribir
bindirgal
birome
biro
escritorio
pondirgal
regla
deftere
libro
almuudo
alumno

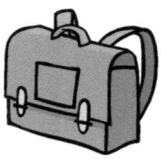

sakosel

mochila

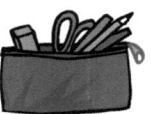

suudu kuɗol

caja de lápices

kuɗol

lápiz

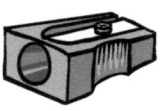

ceeɓnoowo kuɗol

sacapuntas

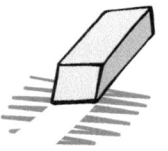

momtirgal

goma (de borrar)

nokku diidirɗo

bloc de dibujo

diidgol

dibujo

diidirgal

pincel

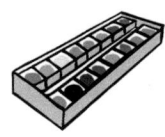

suudu diidordu

caja de pinturas

sisooje

tijera

kol

pegamento

deftere softinorde

cuaderno de ejercicios

coftinogol

tarea

tongoode

número

ɓeydu

sumar

ustu

restar

hebbin

multiplicar

lim

calcular

bataake

letra

hijju

abecedario

kongol

palabra

windande

texto

jangu

leer

bindirgal

tiza

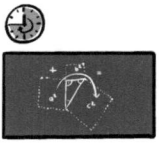

darsu

lección

windaade

cuaderno de clase

ÿeewtogol

examen

ijaazi

certificado

wutte jaŋirɗo

uniforme escolar

jaŋde

educación

ɗowitorde mawnde

enciclopedia

jaaɓi haatirde

universidad

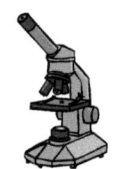

mokoroskop

microscopio

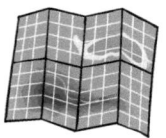

wertaango

mapa

siwo mbalis

tacho (de basura)

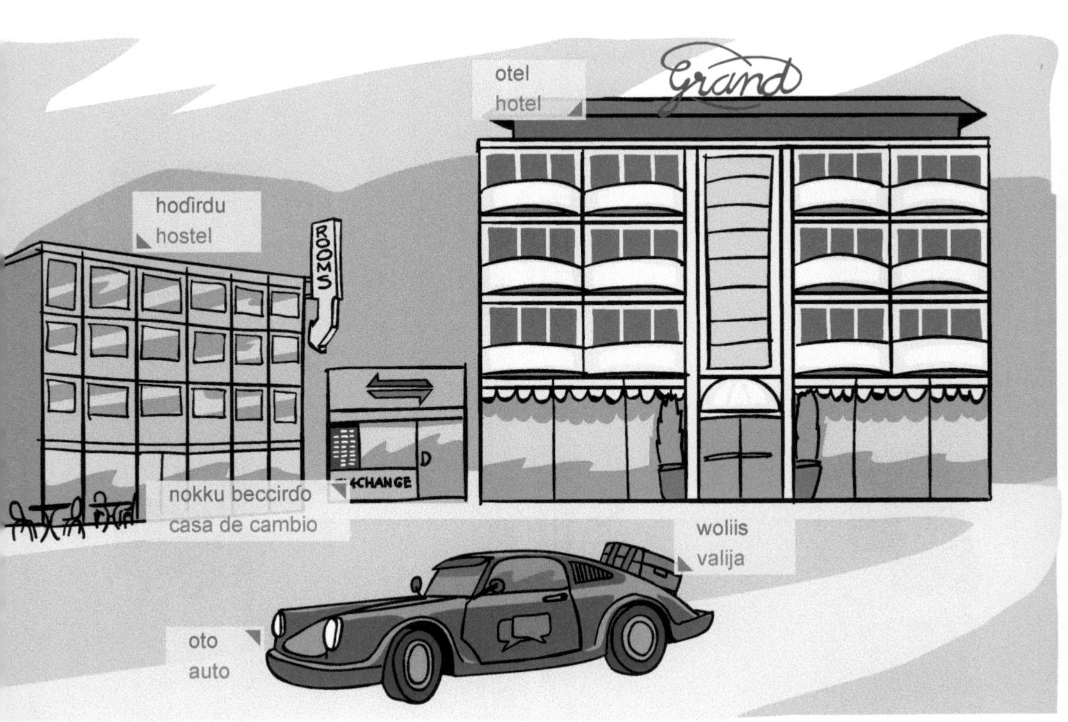

otel
hotel
Grand
hoɗirdu
hostel
ROOMS
nokku beccirɗo
casa de cambio
CHANGE
woliis
valija
oto
auto

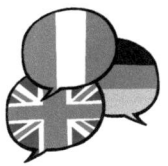

ɗemngal

idioma

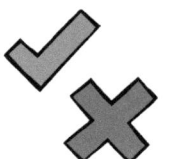

ey / ala

sí / no

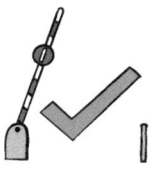

Eyyo

Está bien

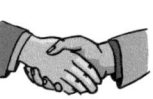

mbaɗɗa

hola

pirtoowo

traductor

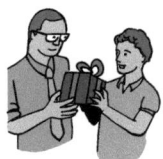

jaraama

Gracias

hono foti...?

¿cuánto cuesta…?

mi faamaani

No entiendo

satteende

problema

jam hiiri

¡Buenas tardes!

jam waali

¡Buenos días!

jam waal

¡Buenas noches!

baay baay

adiós

ngardiindi

dirección

kaake

equipaje

saak

bolso

saak bakke

mochila

koɗo

invitado

suudu

habitación

saak ɗaanorɗo

bolsa de dormir

taanta

carpa

kabaaru jillotooɗo

información turística

palaaz

playa

kartal keredii

tarjeta de crédito

kasitaari

desayuno

bottaari

almuerzo

hiraande

cena

tikkett

pasaje

suutde

ascensor

tembere

sello

keerol

frontera

soodooɓe

aduana

ambasaat

embajada

wiisa

visa

paaspoor

pasaporte

yangarta
transporte

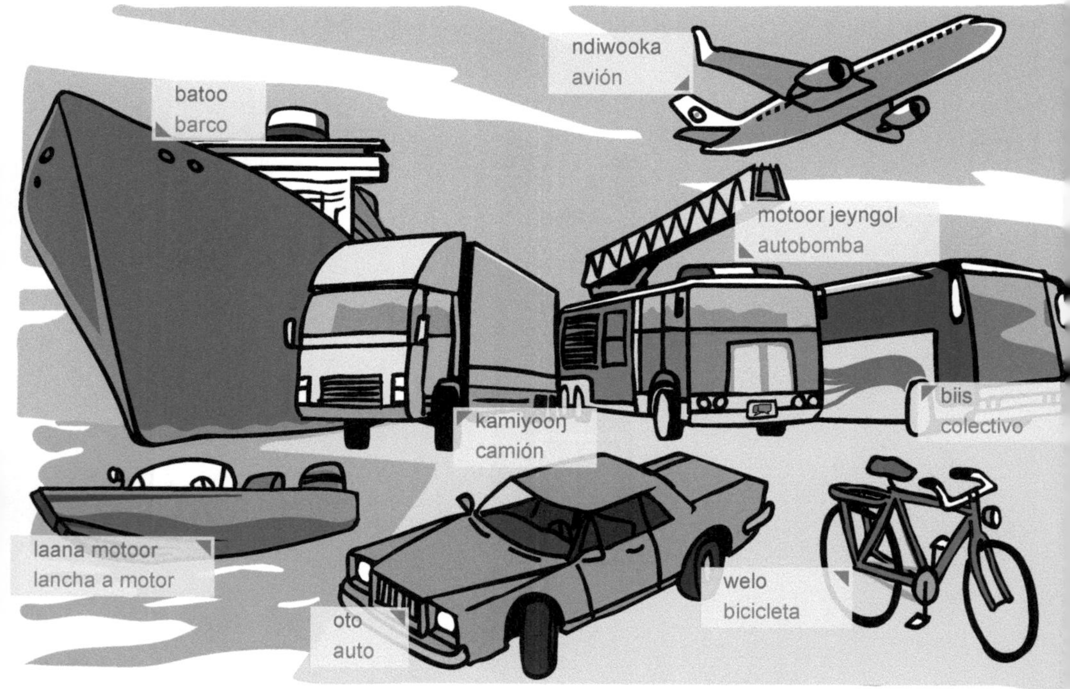

ndiwooka
avión
batoo
barco
motoor jeyngol
autobomba
biis
colectivo
kamiyooŋ
camión
laana motoor
lancha a motor
welo
bicicleta
oto
auto

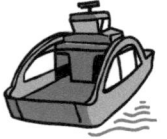

baak
ferry

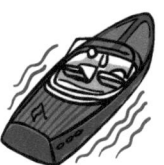

laana
bote

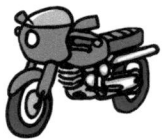

welo motoor
moto

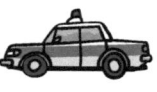

oto poliis
patrullero

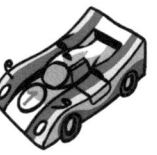

oto dandu
auto de carreras

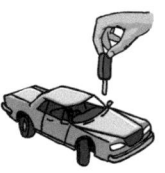

otoluwaaɗo
auto de alquiler

rendude oto
alquiler de autos

leŋge
grúa

kamiyooŋ salo
camión de basura

moto
motor

gaas
nafta

esaaseer
estación de servicio

maantorde tali
señal de tránsito

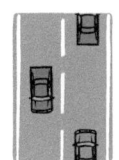

tali
tránsito

ɓittugol tali
embotellamiento

darnirde oto
estacionamiento

dartorde teree
estación de tren

laabi
vías

teree
tren

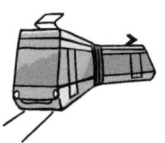

taraam
tranvía

nawgol
vagón

elikooteer

helicóptero

aydapoor

aeropuerto

hubeere

torre

jahoowo

pasajero

kontaneer

contenedor

kees

caja de cartón

saret

carretilla

siwo

canasta

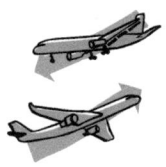

diw / tello

despegar / aterrizar

wuro

ciudad

saare

pueblo

hakkunde wuro

centro de ciudad

galle

casa

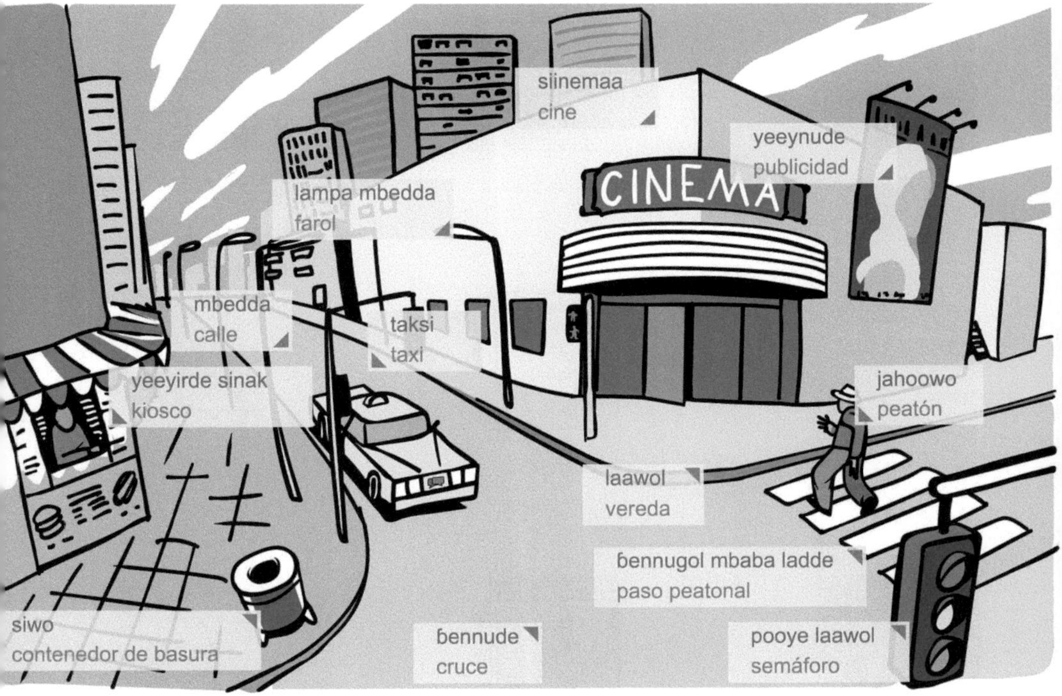

siinemaa
cine

yeeynude
publicidad

lampa mbedda
farol

mbedda
calle

taksi
taxi

yeeyirde sinak
kiosco

jahoowo
peatón

laawol
vereda

ɓennugol mbaba ladde
paso peatonal

siwo
contenedor de basura

ɓennude
cruce

pooye laawol
semáforo

CINEMA

tiba
....
cabaña

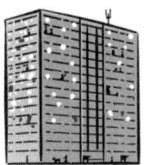

hoɗorde
....
departamento

dartorde teree
....
estación de tren

meeri
....
municipalidad

miise
....
museo

duɗal
....
colegio

wuro - ciudad

jaaɓi haatirde

universidad

baŋke

banco

safrirdu

hospital

otel

hotel

farmasii

farmacia

gollorde

oficina

yeeyirde defte

librería

yeeyirde

negocio

mo nehoowo leɗɗe

florería

duggere

supermercado

jeere

mercado

yeeyirde diiwaan

grandes tiendas

mo gawoowo

pescadería

nokku njeeygu

centro comercial

telloorde

puerto

parka

parque

jooɗorde

banco

pooŋ

puente

ŋabbirɗe

escaleras

les leydi

subte

laawol les

túnel

dartorde biis

parada del colectivo

baar

bar

restoraaŋ

restaurante

suudu posto

buzón

maantorde mbedda

letrero

meetorde parka

parquímetro

nehirde kulle

zoológico

pisiin

pileta

jumaa

mezquita

ngesa

granja

bonande

contaminación

genaale

cementerio

ekiliis

iglesia

dingiral

juegos infantiles

tempele

templo

satto

paisaje

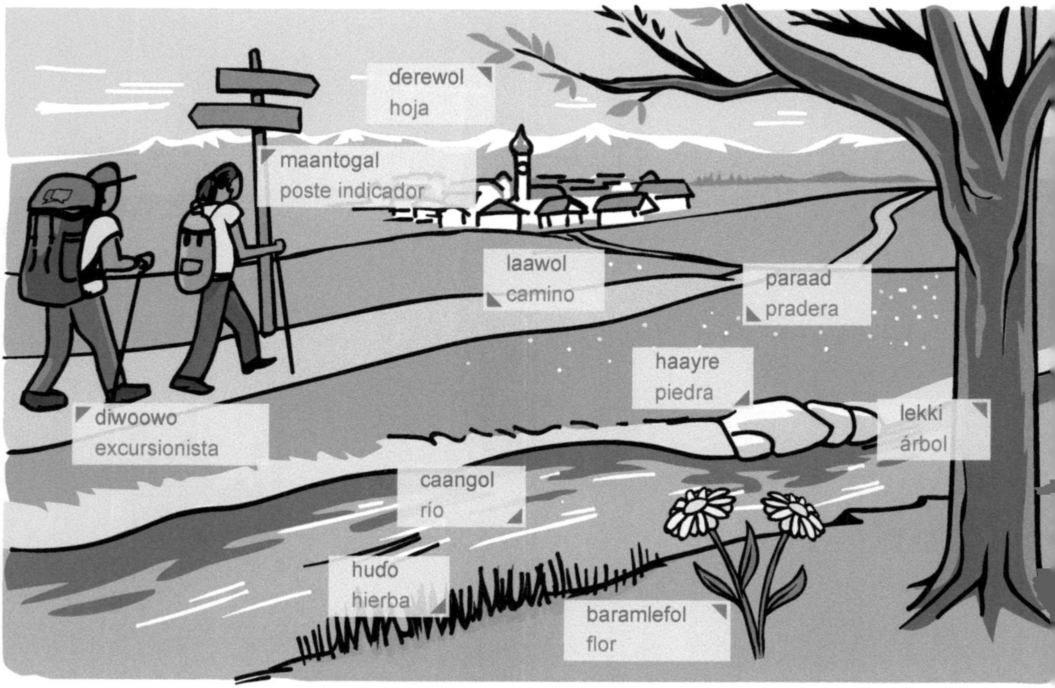

derewol
hoja

maantogal
poste indicador

laawol
camino

paraad
pradera

haayre
piedra

diwoowo
excursionista

lekki
árbol

caangol
río

huɗo
hierba

baramlefol
flor

fongo

valle

tiwaande

montaña

weendu

lago

dundu

bosque

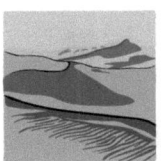

ladde

desierto

wolkaaŋ

volcán

hoɗorde

castillo

timtimol

arco iris

wiiduru gaynaako

champiñón

lekki koko

palmera

ɓongu

mosquito

diw

mosca

ñuuñu

hormiga

ñaaku

abeja

njabala

araña

karaab

escarabajo

paaɓa

rana

jiire

ardilla

nguru paaɓa

erizo

wojere

liebre

hooweere

lechuza

ndiwri

pájaro

kankaleewal

cisne

fowru

jabalí

lella

ciervo

kooba

alce

baaraas

presa

seɗa hendu

aerogenerador

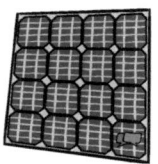

mbeɗu naange

panel solar

kilimaaŋ

clima

restoraaŋ
restaurante

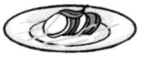

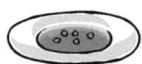

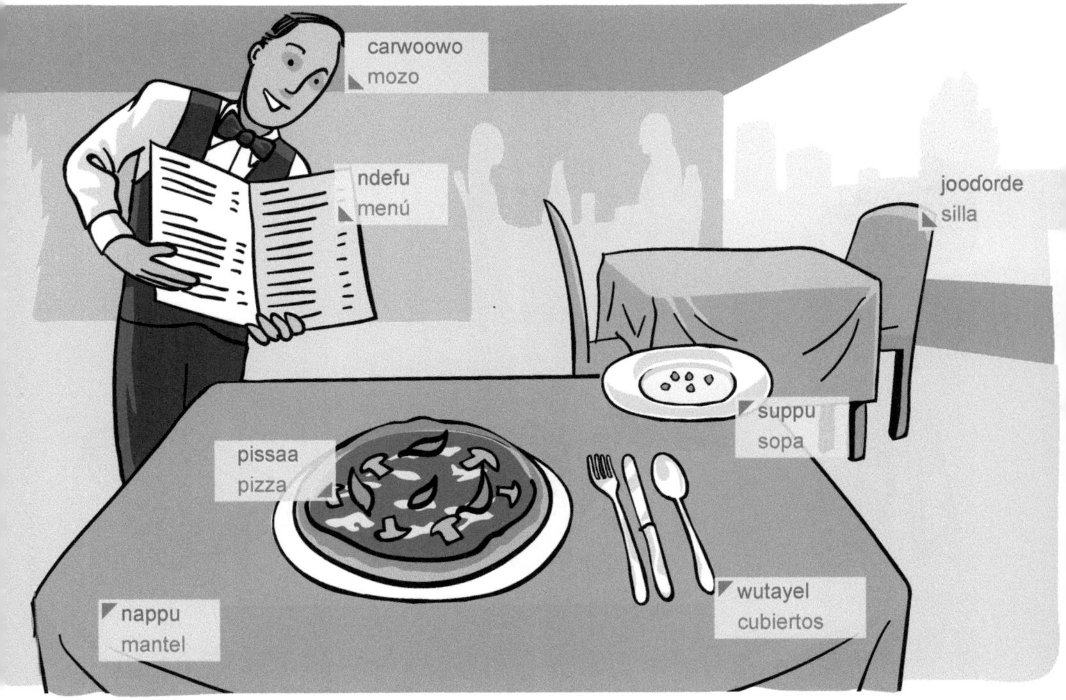
carwoowo
mozo
ndefu
menú
jooɗorde
silla
suppu
sopa
pissaa
pizza
wutayel
cubiertos
nappu
mantel

puɗɗorɗo

entrada

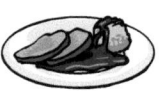

barme mawɗo

plato principal

deseer

postre

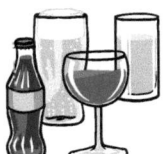

njarameeje

bebidas

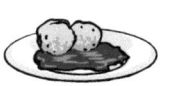

ñamri

comida

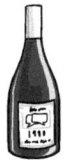

bitel

botella

fastfuut
....
comida rápida

ñaamde mbedda
....
comida callejera

pot ataaya
....
tetera

taasa suukara
....
azucarera

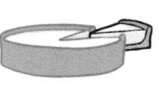

geɗal
....
porción

masiŋ esperesoo
....
cafetera expreso

jooɗorde toownde
....
sillita alta

faktiir
....
cuenta

terey
....
bandeja

paaka
....
cuchillo

fursett
....
tenedor

kuddu
....
cuchara

kuddu ataaya
....
cucharita

torsooŋ
....
servilleta

weer
....
vaso

restoraaŋ - restaurante

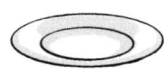

palaat

plato

palaat suppu

plato hondo

coosoowo

plato

soos

salsa

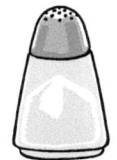

pot lamɗam

salero

poobaar

molinillo de pimienta

wineegar

vinagre

diwliin

aceite

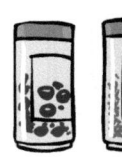

kaaniije

especias

ketsoop

kétchup

mutaarde

mostaza

maynees

mayonesa

duggere
supermercado

dokkal teentungal
oferta especial
FOR
coodoowo
cliente
deftel
lácteos
ɓingel leggal
fruta
saret
changuito

BUTCHERS

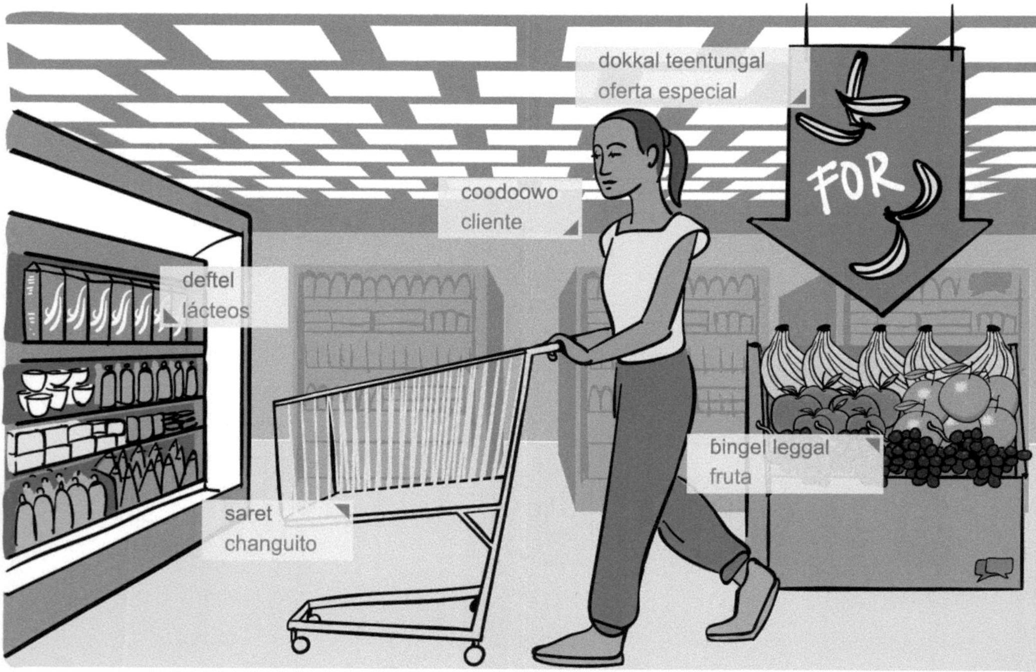

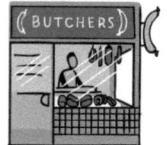

mo jeeyoowo teewu

carnicería

BAKERY

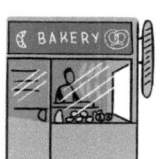

mo piyoowo mburu

panadería

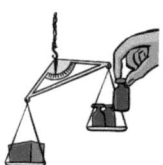

ɓett

pesar

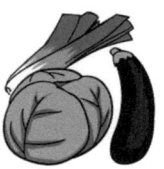

ɓiɓe leɗɗe

verduras

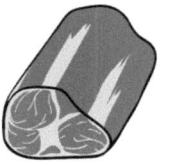

teewu

carne

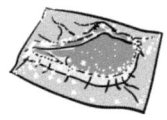

ñamri fendiindi

alimentos congelados

teewu ɓuuɓngu

fiambres

ñamri

alimentos enlatados

omo

detergente en polvo

tangaleeji

golosinas

geɗe galle

electrodomésticos

geɗe laɓɓinooje

productos de limpieza

jeeyoowo

vendedora

hippoode

caja

ngaluyanke

cajero

limo soodetee

lista de compras

waktuuji gudditeeɗi

horario de atención

kalbe

billetera

kartal keredii

tarjeta de crédito

saak

cartera

saak dalli

bolsa de plástico

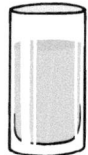

ndiyam

agua

sii

jugo

kosam

leche

Koowk

bebida cola

sangara

vino

sangara

cerveza

alkol

alcohol

koka

cacao

ataaya

té

kafe

café

esperesoo

café expreso

kaputsiino

cappuccino

banaana

banana

pomere

manzana

oraaŋs

naranja

dende

melón

limoŋ

limón

karott

zanahoria

laac

ajo

bambuu

bambú

soblere

cebolla

wiiduru gaynako

champiñón

gerte

nueces

kodde

fideos

espaketii

tallarines

maaro

arroz

solaat

ensalada

sipse

papas fritas

padaas pasnaaɗo

papas fritas

pissaa

pizza

amburgoor

hamburguesa

sandiis

sándwich

tayre

churrasco

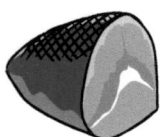

heltinde

jamón

salaami

salame

soosiis

salchicha

gertogal

pollo

juɗe

asado

liingu

pescado

ñamri - comida

karaw

copos de avena

miyesli

muesli

butaali makka

copos de maíz

cafka

harina

koraasaŋ

medialuna

loocol mburu

pancito

mburu

pan

mburu

tostada

mbiskit

galletitas

boor

manteca

caakri

cuajada

ngato

torta

boofoode

huevo

bofoode defaaɗo

huevo frito

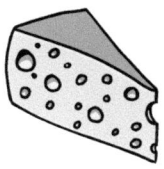

formaas

queso

kerem galaas

helado

suukara

azúcar

njuumri

miel

piire

mermelada

soosde sokola

pasta de chocolate

kiri

curry

ngesa
granja

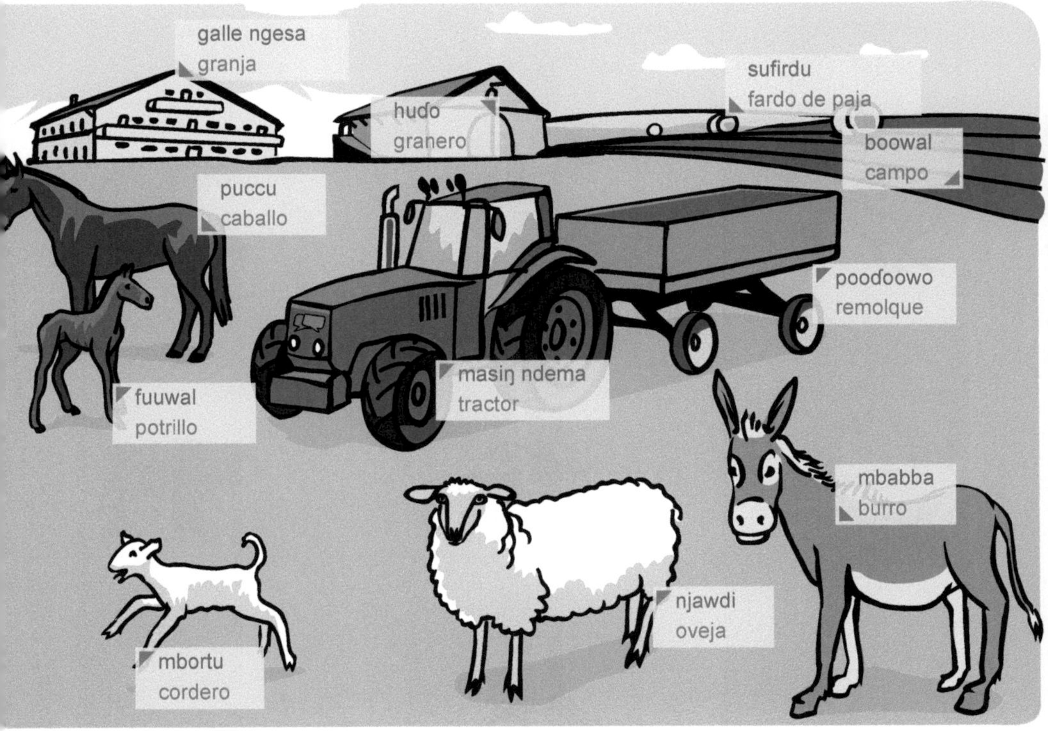

galle ngesa
granja
hudo
granero
sufirdu
fardo de paja
boowal
campo
puccu
caballo
pooɗoowo
remolque
masiŋ ndema
tractor
fuuwal
potrillo
mbabba
burro
njawdi
oveja
mbortu
cordero

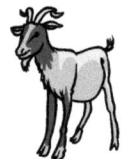

ndamndi

cabra

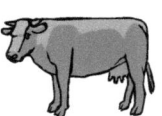

ngaari

vaca

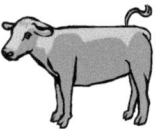

ñale

ternero

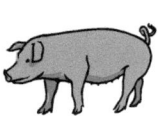

mbaba tugal

cerdo

ɓingel tugal

lechón

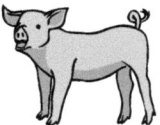

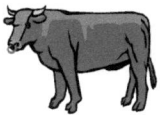

ngaari

toro

jaawalal

ganso

jaawangal

pato

gertogal

pollo

jarlal

gallina

ngori

gallo

doombru

rata

ulluundu

gato

dombru

ratón

ngaari

buey

rawaandu

perro

suudu rawaandu

cucha

lekki werte

manguera

bitel ndiyam

regadera

jalo

guadaña

jabbude

arado

wafdu

hoz

caga

azada

furset yettirɗo

horquilla

jambere

hacha

burwett

carretilla

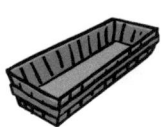

jardugal

abrevadero

bitel kosam

lechera

bonnude

bolsa

heerorde

reja

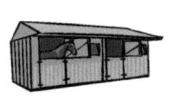

dari

establo

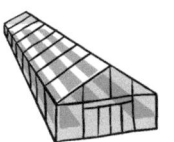

resofmaaŋ

invernadero

leydi

suelo

aawdi

semilla

engere

fertilizador

rendin coñoowo

cosechadora

soñ

cosechar

coñal

cosecha

ñambi

batatas

ndiyamiri

trigo

soozaa

soja

padaas

papa

makka

maíz

aawdi adan

semilla de colza

lekki ɓesnooki

árbol frutal

kasaawa

mandioca

gawri

cereales

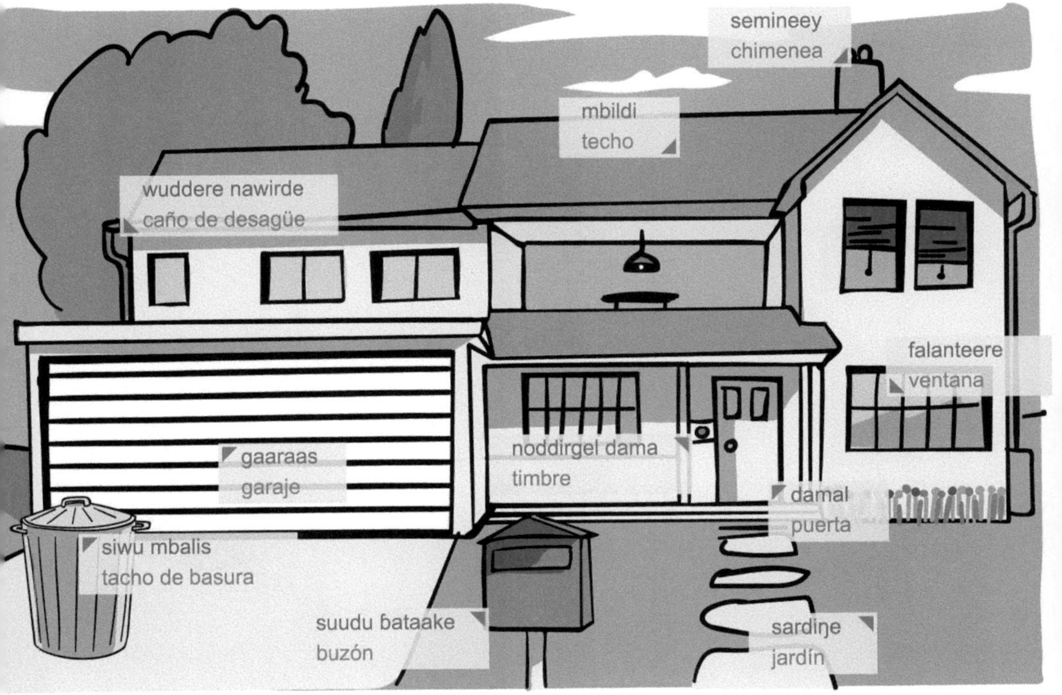

semineey
chimenea

mbildi
techo

wuddere nawirde
caño de desagüe

falanteere
ventana

gaaraas
garaje

noddirgel dama
timbre

damal
puerta

siwu mbalis
tacho de basura

suudu ɓataake
buzón

sardiŋe
jardín

saal

living

lootorde

baño

waañ

cocina

suudu lelteendu

dormitorio

suudu suka

cuarto de los chicos

suudu hirtordu

comedor

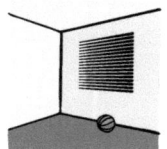

leydi

piso

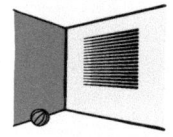

miir

pared

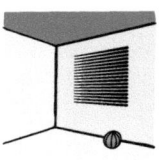

dira

cielorraso

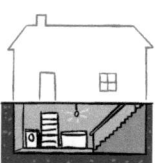

masiŋel

sótano

soona

sauna

balkooŋ

balcón

teeraas

terraza

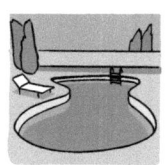

pisin

pileta

tondoos

cortadora de pasto

kaayit

sábana

mbertanteeri

acolchado

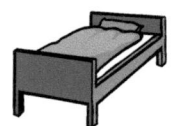

lelnde

cama

pittirɗe

escoba

siwoo

balde

waylu

interruptor

saal
living

foodekaraŋ
empapelado
nattal
imagen
lampa
lámpara
dow
estante
baye
armario
lewe
televisión
fotekaaŋ
chimenea
baramlefol
flor
njegenaay
almohadón
soofaa
sofá
kaas
florero
komaande
control remoto

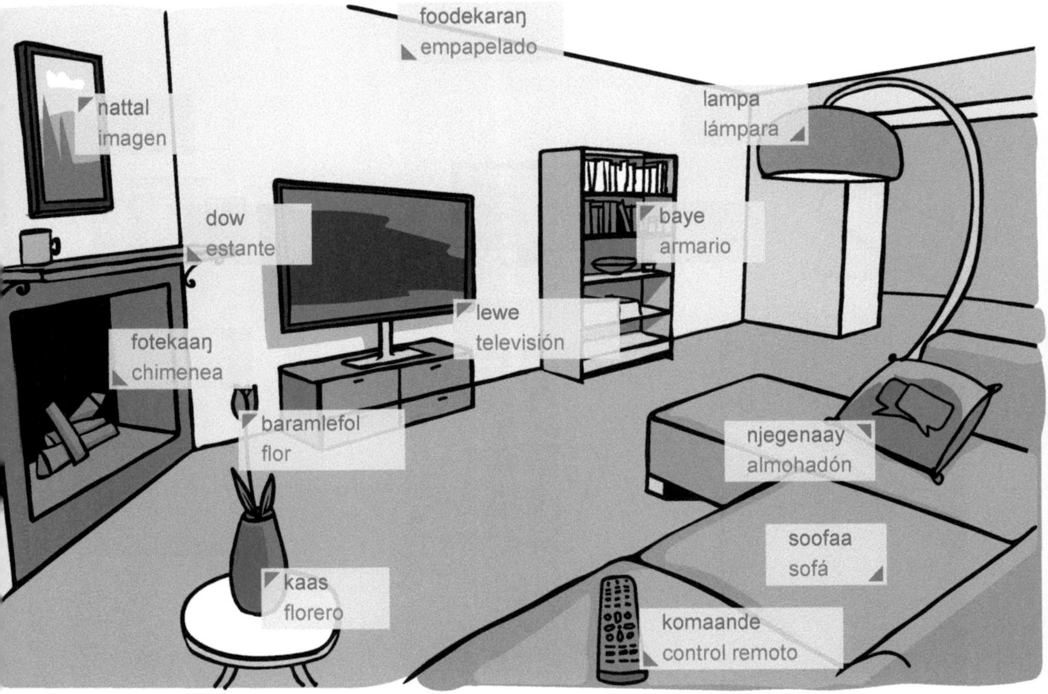

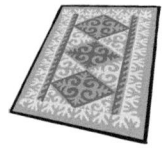

tappi

alfombra

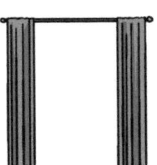

rido

cortina

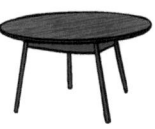

taabal

mesa

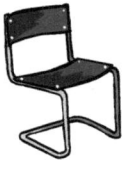

jooɗorde

silla

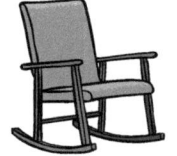

jooɗorde timmunde

mecedora

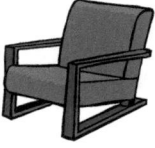

tuggorde

sillón

deftere

libro

suddaare

frazada

cinki

decoración

docotal

leña

filmo

película

kuutorɗe hi-fi

equipo de música

caabi

llave

jaaynde

diario

pentiirde

pintura

posteer

póster

haalirde

radio

deftel mooftirgel

cuaderno

ŋabbude

aspiradora

siwo lekki

cactus

sondel

vela

waañ
cocina

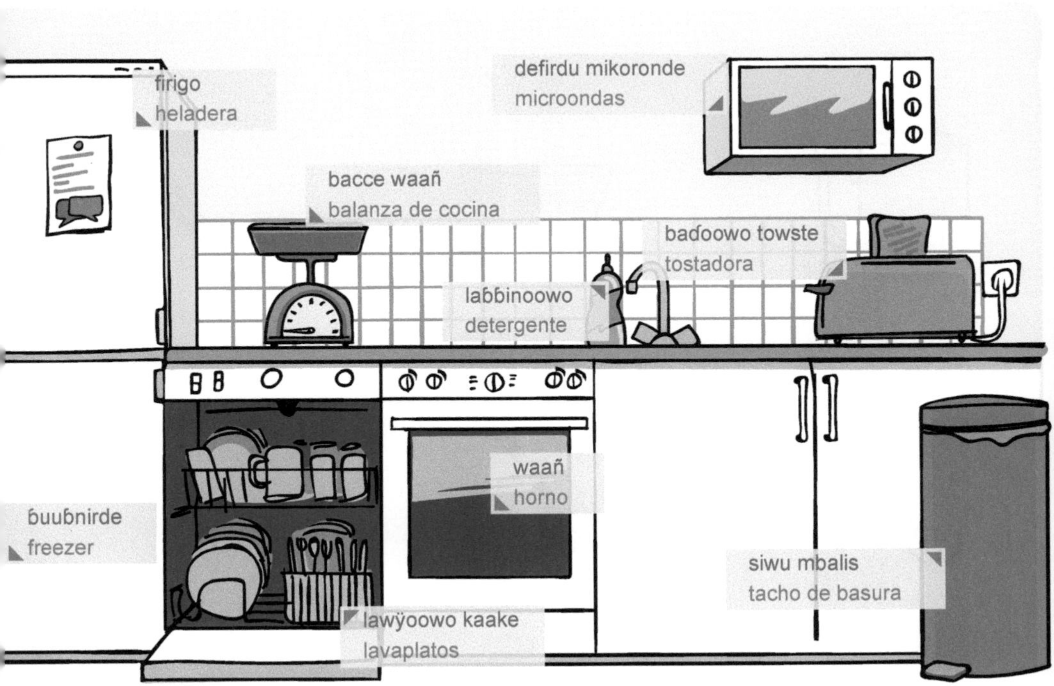
firigo
heladera
defirdu mikoronde
microondas
bacce waañ
balanza de cocina
baɗoowo towste
tostadora
laɓɓinoowo
detergente
waañ
horno
ɓuuɓnirde
freezer
siwu mbalis
tacho de basura
lawÿoowo kaake
lavaplatos

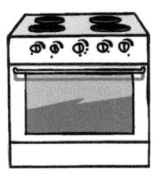

defoowo

cocina

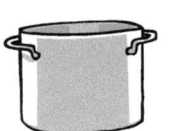

pot

olla

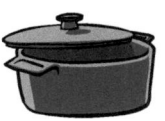

pot baɗɗo njamdi

olla de hierro fundido

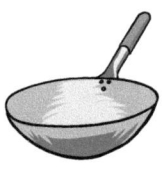

lehel

wok

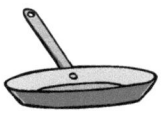

lahal

sartén

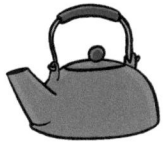

baraade

pava

gulnoowo

vaporera

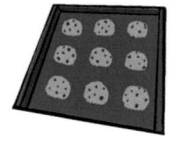

fuur cumirɗo

bandeja de horno

wiisirde

vajilla

kaas

taza

taasa

bol

bakett

palitos

heɗirde

cucharón

kuundal

estpátula

burgal

batidora

gulnirɗo

colador

pool

colador

koosoowo

rallador

wowru

mortero

njuɗu

parrilla

lewlewndu

fogata

alluwal tayirgal

tabla de picar

dullirgal

palo de amasar

tenaay

sacacorchos

potyel

lata

udditirɗo potyel

abrelatas

jaggoowo pot

manopla

lawÿirde

pileta

borisde

cepillo

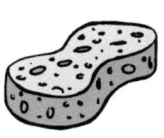

epoos

esponja

jiiɓoowo

batidora

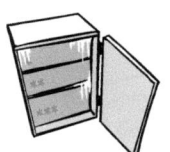

firigo juutɗo

congelador

bitel tiggu

mamadera

robine

canilla

lootorde

baño

wulnude
calefacción
sarbet
toalla
ɓuftogol
ducha
rido ɓuftorde
cortina de ducha
sumbu lootorɗo
baño de espuma
nokku lootorɗo
bañadera
weer
vaso
masiŋ guppirɗo
lavarropas
robine
canilla
biifi
baldosas
woppirde
pelela
lawŷirde
pileta

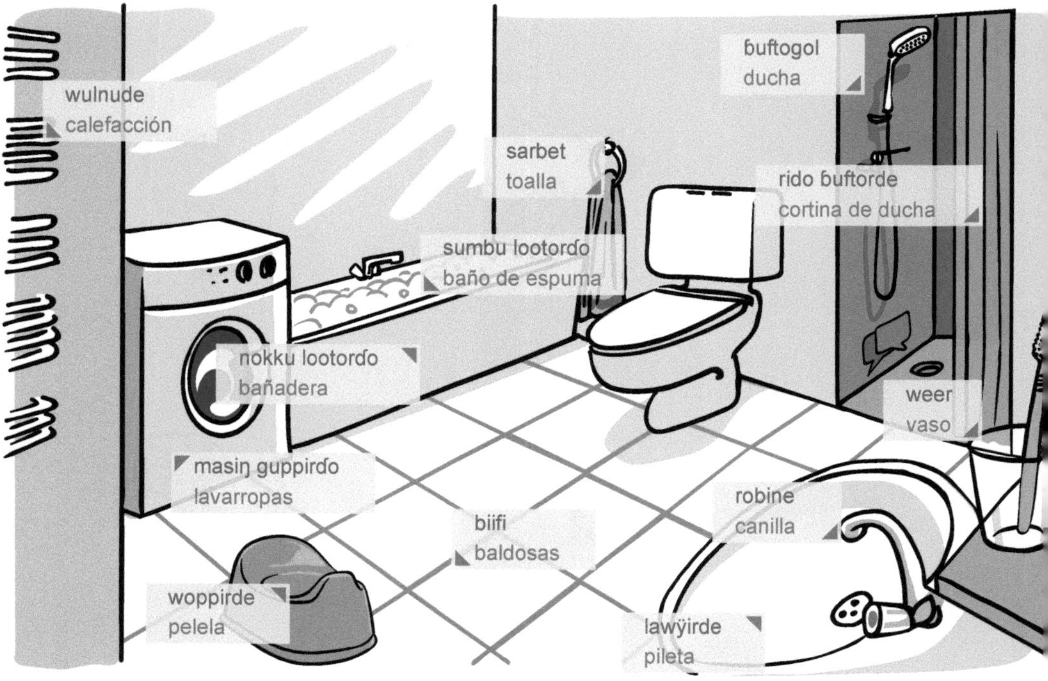

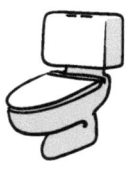

heblorde

inodoro

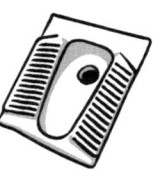

yaltirde les

letrina

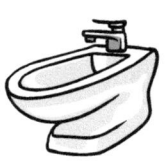

yaltirde

bidé

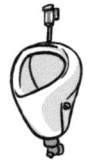

soofirde

mingitorio

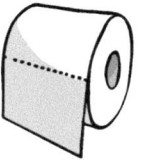

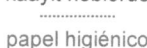

kaayit heblorde

papel higiénico

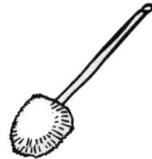

boros heblorde

cepillo para el inodoro

boros ñiiÿe

cepillo de dientes

pat cocorɗo

dentífrico

cocorgal

hilo dental

lawyu

lavar

ɓuftorde jungo

ducha de mano

jampe

ducha higiénica

taasa

palangana

boros keeci

cepillo para espalda

saabunde

jabón

nebam ɓuftorde

gel de ducha

sampoye

shampoo

lootogel

toallita

yupude

desagüe

mileen

crema

lati

desodorante

daarogal

espejo

daarogal jungo

espejito

rasuwaar

maquinita de afeitar

sumbu pemborɗo

espuma de afeitar

lallitirde

aftershave

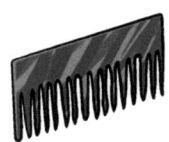

koomu

peine

boros

cepillo

yoorno hoore

secador de pelo

uurna hoore

spray

makiyaas

maquillaje

lippo

lápiz de labios

emaaye segene

esmalte para uñas

wiro

algodón

sisooje segene

tijera para uñas

parfooŋ

perfume

saawdu lawyirdu

portacosméticos

kuudi

banqueta

bacce ɓetirde

balanza

wutte lootorɗo

bata

kawaseeje dalli

guantes de goma

tampooŋ

tampón

sarbet laɓɓinoorɗo

toallita femenina

lootogol cellungol

baño químico

suudu suka
cuarto de los chicos

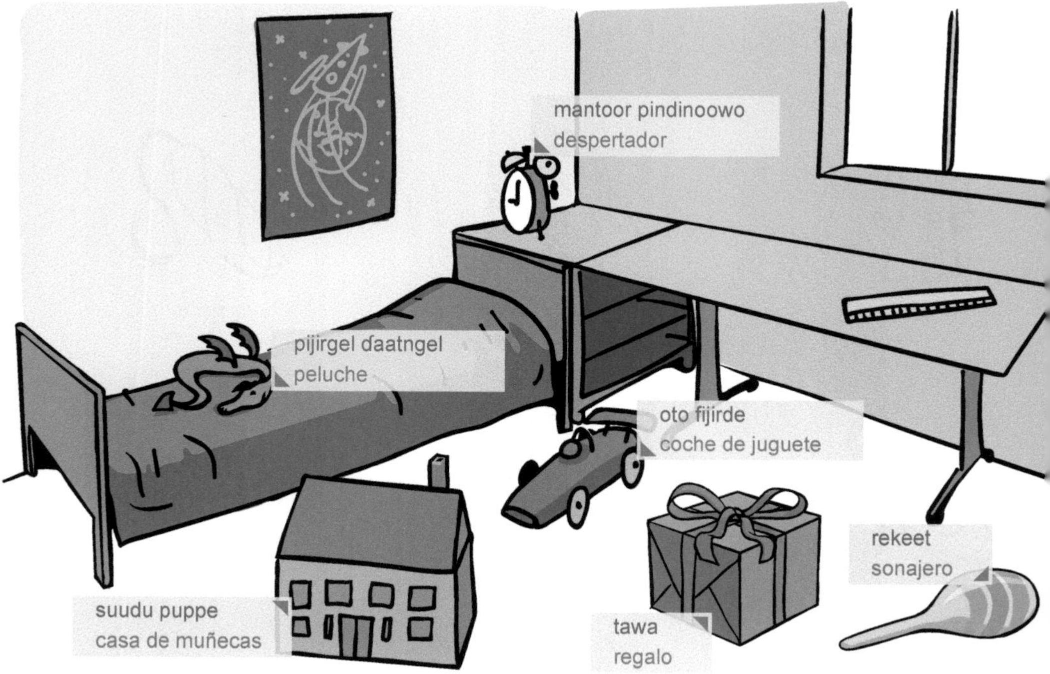

mantoor pindinoowo
despertador
pijirgel ɗaatngel
peluche
oto fijirde
coche de juguete
rekeet
sonajero
suudu puppe
casa de muñecas
tawa
regalo

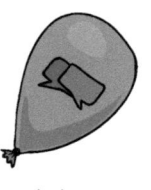

baloon
globo

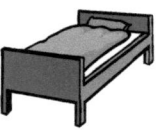

lelnde
cama

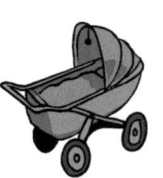

puus puus
cochecito

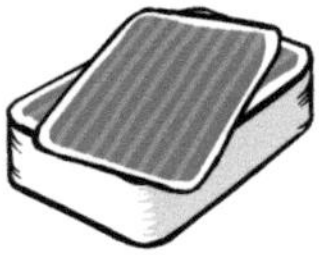

taabal karte
cartas

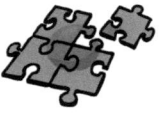

juwirgal
rompecabezas

jalnii
historieta

tuufeeje lego

piezas de lego

kaaÿe maadi

ladrillos de juguete

pijirgel suka

figura de acción

wutte suka

enterito (de bebé)

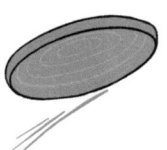

mbiifu

frisbee

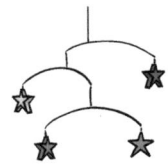

noddirgel

móvil para bebés

fijirde alluwal

juego de mesa

dee

dados

tereŋ jahiroowo batiri

tren eléctrico

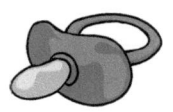

daaydo

chupete

hiirde

fiesta

deftere natte

libro de cuentos ilustrado

bal

pelota

puppe

muñeca

fij

jugar

ngaska leydi

arenero

yirlude

hamaca

pijirɗe

juguetes

fijirde widoo peley

consola de videojuegos

biifi tati

triciclo

uluundu pijirgel

osito de peluche

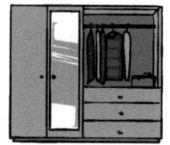

woliis

armario

boornogol

ropa

kawaseeje

medias

baardinirɗi

medias panty

dogirɗi

calzas

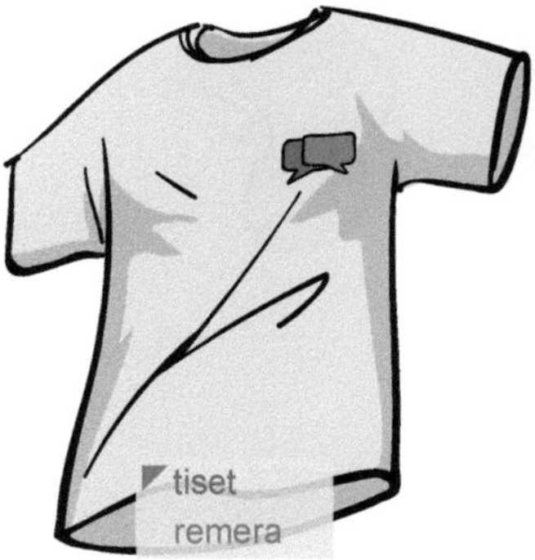

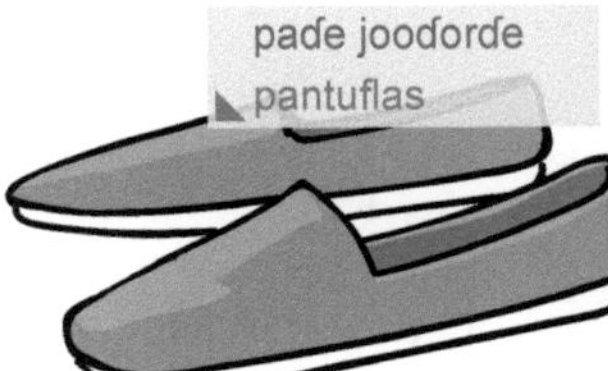

muurnorde
bufanda

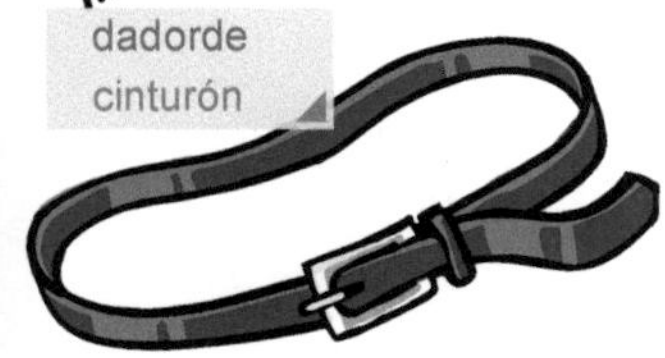

paraseewal
paraguas

tiset
remera

dadorde
cinturón

bataaje
botas

pađe joođorđe
pantuflas

dogirđe
zapatillas

caraax
....
sandalias

pađe
....
zapatos

bataaje dalli
....
botas de goma

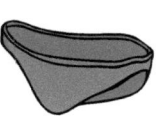

cakkirđi
....
ropa interior

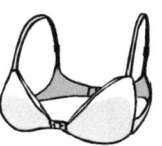

site ŋoos
....
corpiño

weste
....
chaleco

ɓandu
body

tuuba
pantalones

jiin
jeans

sippu
pollera

buluus
blusa

wuttel
camisa

piliweer
pulóver

njallaaba
buzo

balaseer suka
blazer

jakett
campera

sabandoor
tapado

wutte toɓo
piloto

kossim
traje

robbo
vestido

wutte cuddungu
vestido de novia

cakkirɗo

traje

robbo baalduɗo

camisón

baaluɗi

pijama

sari

sari

fiilorde

pañuelo para cabeza

kaala

turbante

misoor

burka

haftan

caftán

abaaye

abaya

lumborɗo

traje de baño

leɗɗe

short de baño

kilooti

shorts

dewirɗi

jogging

aparooŋ

delantal

kawase

guantes

nebbu

botón

lone

anteojos

jawo

pulsera

cakka

collar

feggere

anillo

hootonde

aro

laafa

gorra

jaggirgal sabandoor

percha

kufna

sombrero

karwaat

corbata

korsude

cierre

tengaade

casco

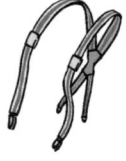

jawe

tiradores

wutte jaɲirɗo

uniforme escolar

dadorɗo

uniforme

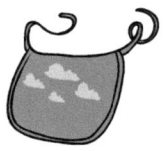

nappu suka

babero

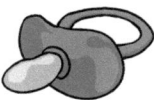

ɗaayɗo

chupete

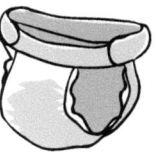

fooftini

pañal

gollorde

oficina

carwoowo
servidor
nokku bindirɗo
archivero
jaltinoowo
impresora
kaayit
papel
peewnoowo
monitor
biro
escritorio
doomburu
mouse
suudu
carpeta
bindirgal
teclado
jooɗorde
silla
siwo mbalis
tacho (de basura)
ordinateer
computadora

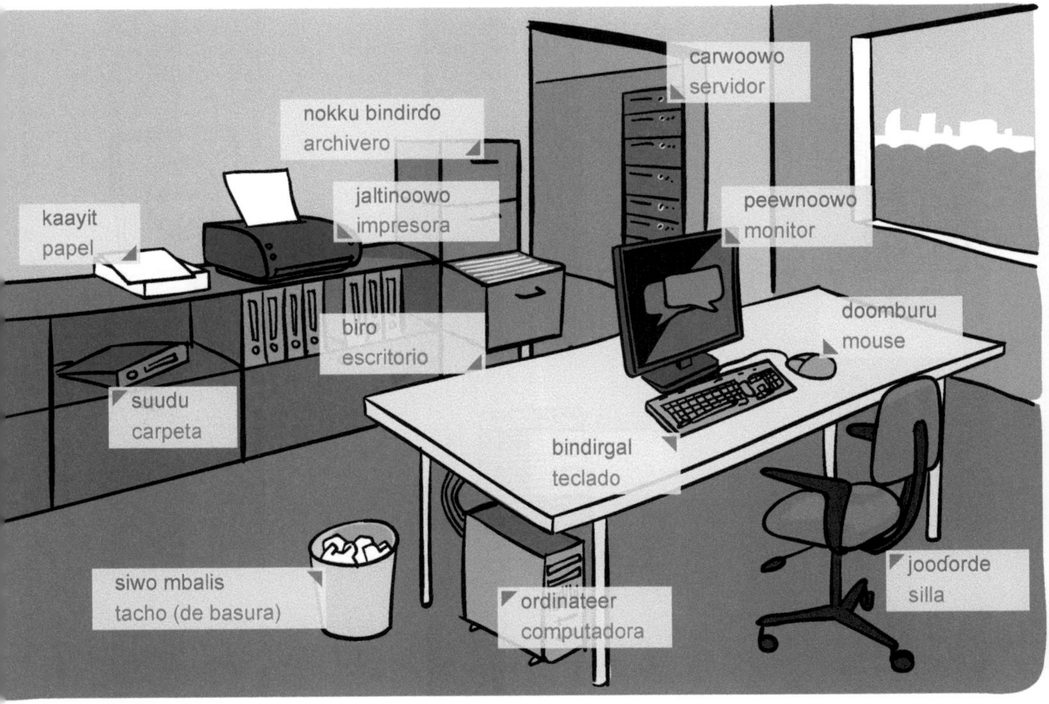

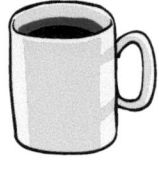

koppu kafe

taza de café

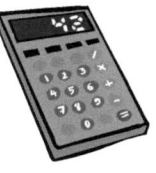

tongirde

calculadora

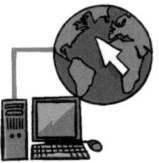

enternet

internet

ordinateer

laptop

ɓataake kaayit

carta

ɓataake

mensaje

noddirgel

celular

jokkondiral

red

nandinoowo

fotocopiadora

kuutorgel

software

noddirgel

teléfono

piriis

tomacorriente

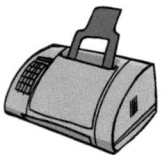

masiŋ faksii

fax

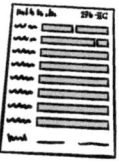

sifaa

formulario

kaayit

documento

sood

comprar

yob

pagar

yeey

hacer negocios

kaalis

dinero

dolaar

dólar

oro

euro

yeen

yen

ruubal

rublo

siiwis farayse

franco suizo

yuwaan renminbi

yuan

ruppii

rupia

nokku ngalu

cajero automático

nokku beccirɗo

casa de cambio

kaŋe

oro

kaalis

plata

peteroŋ

petróleo

doole

energía

coggu

precio

jokkondiral

contrato

lempo

impuesto

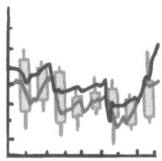

jeyii

acción

liggo

trabajar

liggotooɗo

empleado

ligginoowo

empleador

isin

fábrica

yeeyirde

negocio

alkaati
policía

kaɓoowo jeyngol
bombero

defoowo
cocinero

cafroowo
médico

dognoo ndiwooka
piloto

mooftoowo

jardinero

meniise

carpintero

gawoowo debbo

modista

ñaawoowo

juez

simiyanke

farmacéutico

aktoor

actor

diirnoowo biis

colectivero

diirnoowo taksi

taxista

gawoowo

pescador

debbo pittoowo

mucama

biloowo

techista

carwoowo

mozo

baañoowo

cazador

diidoowo

pintor

piyoo mburu

panadero

peewnoo jeyngol

electricista

mahoowo

albañil

eseñoor

ingeniero

buusee

carnicero

polombiyee

plomero

neɗɗo posto

cartero

soldaat

soldado

arsitekte

arquitecto

ngaluyanke

cajero

ledɗeyanke

florista

mooroowo

peluquero

diirnoowo

cobrador

peenoowo jamɗe

mecánico

gardiiɗo

capitán

safroowo ñiiÿe

dentista

gando

científico

babbiin

rabino

almaami

imán

muwaan

monje

neɗɗo alla

sacerdote

kuutorɗe
herramientas

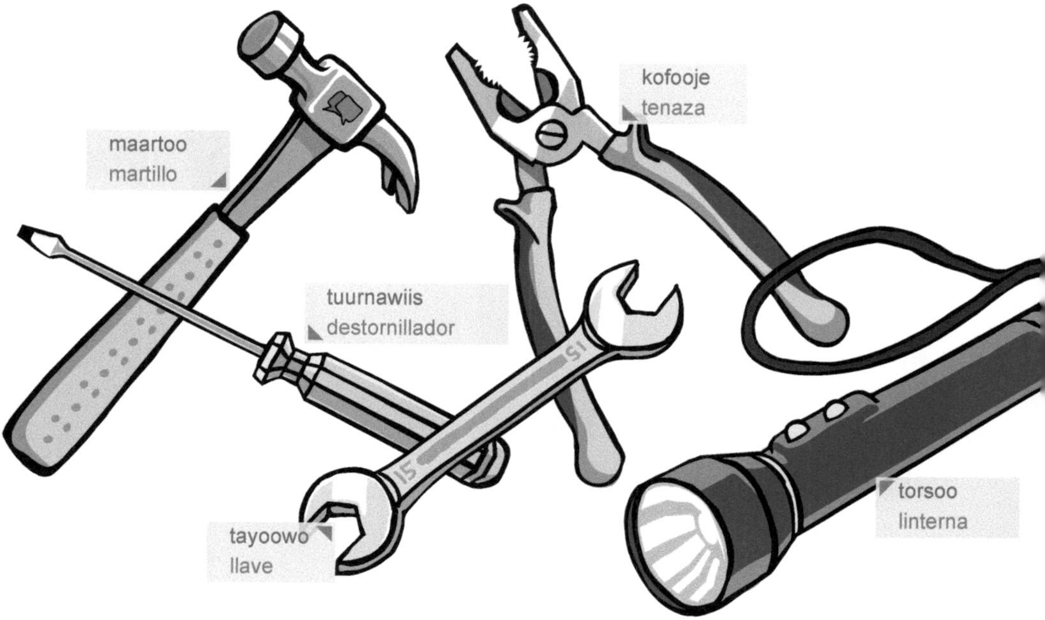

maartoo
martillo
kofooje
tenaza
tuurnawiis
destornillador
tayoowo
llave
torsoo
linterna

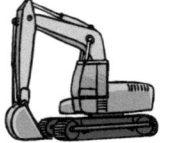

ngasirdi

excavadora

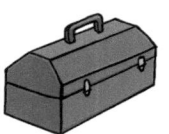

suudu kuutorɗe

caja de herramientas

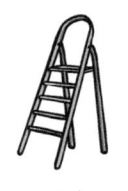

seel

escalera portátil

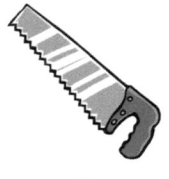

siiy

sierra

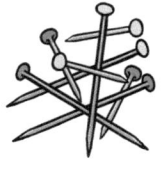

pontooje

clavos

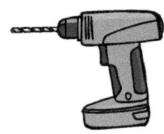

yuwirde

taladro

feewnit
arreglar

nokkirde
pala de jardín

sooot
¡Qué bronca!

peel
pala de plástico

pot diidirɗo
tacho de pintura

wiisuuji
tornillos

pijirɗe

instrumentos musicales

nikoro
parlante

buuba
batería

dubal baas
contrabajo

allaadu
trompeta

gitaar
guitarra

piyaano

piano

ñaañooru

violín

baas

bajo

timpaan

timbales

bawɗi

tambor

bindirgal

teclado

saksofooŋ

saxofón

coolumbel

flauta

haaldude

micrófono

nehirde kulle
zoológico

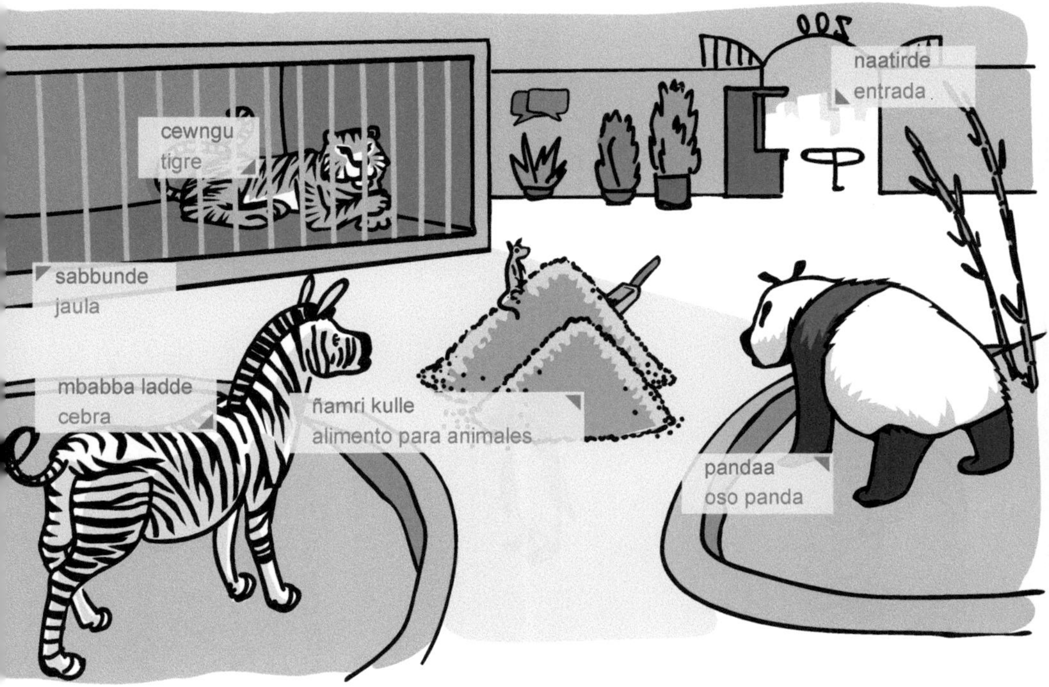

naatirde
entrada
cewngu
tigre
sabbunde
jaula
mbabba ladde
cebra
ñamri kulle
alimento para animales
pandaa
oso panda

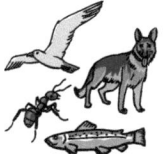

kulle

animales

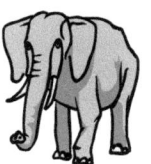

ñiiwa

elefante

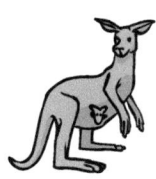

kanguruu

canguro

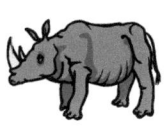

liwoongu

rinoceronte

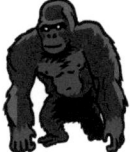

waandu

gorila

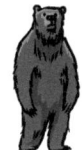

fowru

oso

ngelooba

camello

jaawagal

avestruz

mbaroodi

león

golo

mono

ñaarpural

flamenco

seku

loro

fowru nees

oso polar

peŋwee

pingüino

reke

tiburón

ngoriyal

pavo real

mboddi

serpiente

nooro

cocodrilo

deenoowo kulle

cuidador del zoológico

liingu

foca

cewngu

jaguar

molel puccu

poni

cewlu

leopardo

ngabu

hipopótamo

ñamala

jirafa

ciilal

águila

fowru

jabalí

liingu

pescado

heende

tortuga

morsee

morsa

daga

zorro

lella

gacela

fugu koyngel Amarik
fútbol americano

welo
ciclismo

teniis
tenis

basket
básquet

lumbaade
natación

bokse
boxeo

okey e galaas
hockey sobre hielo

fugu koyngel
fútbol

badminton
bádminton

dogduuji
atletismo

fugu jungo
handball

eskiiy
esquí

polo
polo

golle
actividades

diw
saltar
uurno
abrazar
jal
reír
yah
caminar
yim
cantar
hoyɗu
soñar
juul
rezar
ɓuuco
besar

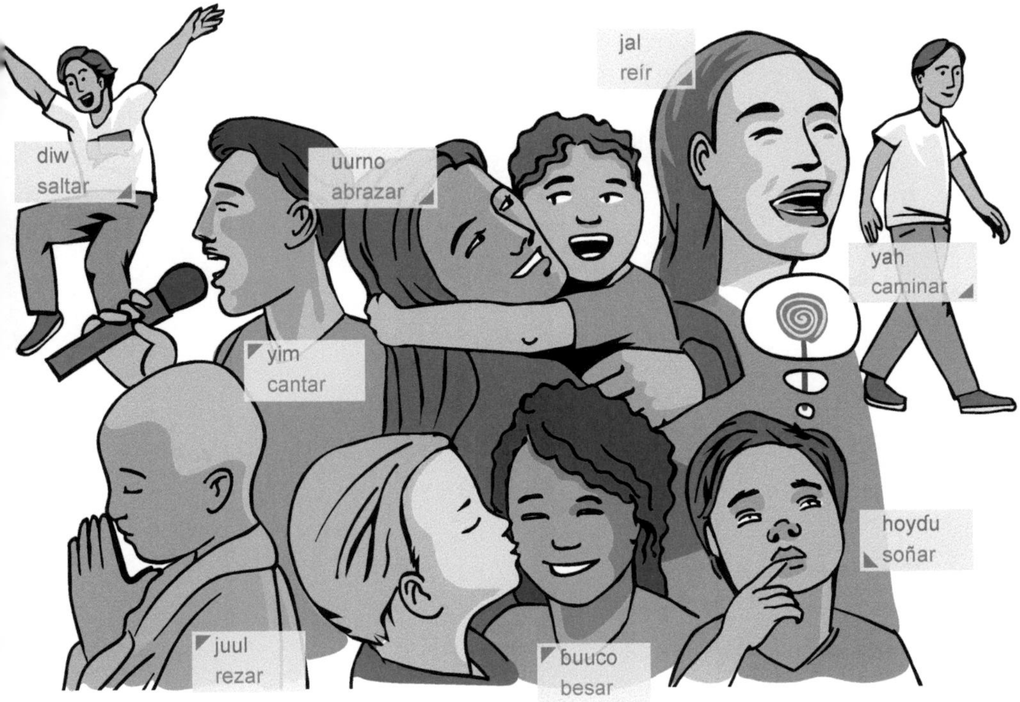

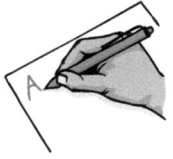

windu

escribir

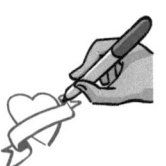

diid

dibujar

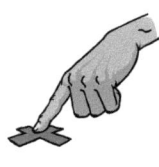

hollu

mostrar

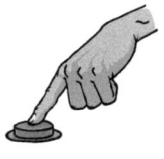

duñ

presionar

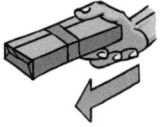

rokku

dar

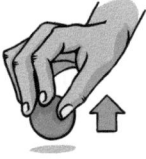

naw

tomar

jogo

tener

waɗ

hacer

won

ser

daro

estar parado

dog

correr

ittu

tirar

weddo

tirar

yan

caer

fen

estar acostado

fad

esperar

naw

llevar

jooɗo

estar sentado

ɓoorno

vestirse

ɗaano

dormir

finn

despertar

ndaar

mirar

woy

llorar

fiiy

acariciar

koomu

peinar

haal

hablar

faam

entender

naamdo

preguntar

hetto

escuchar

yar

beber

ñaam

comer

haɓɓu

ordenar

yiɗ

amar

def

cocinar

diirnu

manejar

diw

volar

awyu

navegar

lim

calcular

jangu

leer

jangu

aprender

liggo

trabajar

res

casarse

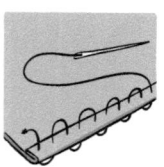

aaw

coser

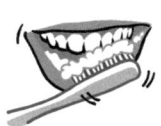

boris ñiiẏe

cepillarse los dientes

war

matar

simmo

fumar

neldu

enviar

ɓaaɗo debbo
a

taaniraaɗo gorko
abuelo

ɓaaba
padre

tiggu
bebé

yumma
madre

biɗɗo debbo
hija

biɗɗo gorko
hijo

koɗo

invitado

gogo

tía

kaawiraaɗo

tío

mawniraaɗo gorko

hermano

mawniraaɗo debbo

hermana

ɓandu

cuerpo

tiinde
frente
yitere
ojo
walabo
hombro
feɗeendu
dedo
yeeso
cara
waare
pera
jungo
mano
endu
pecho
korlal
pierna
jungo
brazo

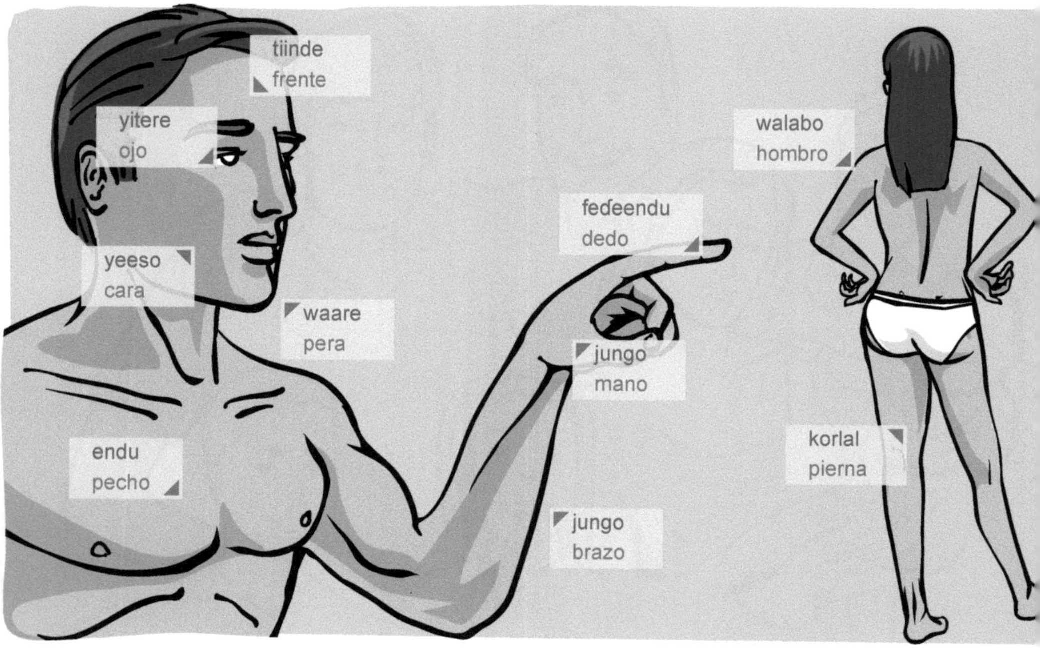

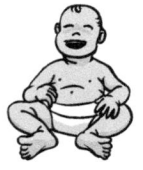

tiggu

bebé

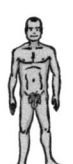

gorko

hombre

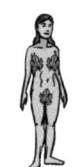

debbo

mujer

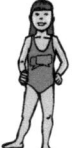

debbo

nena

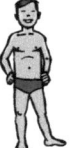

gorko

nene

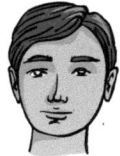

hoore

cabeza

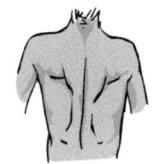

keeci

espalda

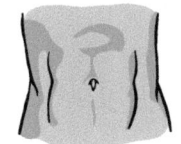

reedu

panza

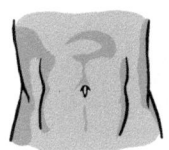

wudduru

ombligo

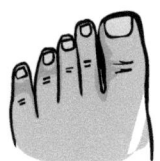

feɗeendu

dedo del pie

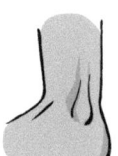

njaaɓordi

talón

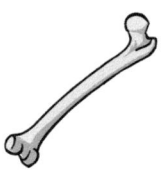

ÿiyal

hueso

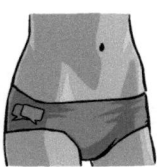

buhal

cadera

hofru

rodilla

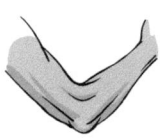

fooŋturu

codo

hinere

nariz

gaɗa

cola

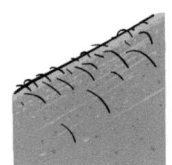

nguru

piel

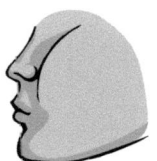

aɓɓuko

cachete

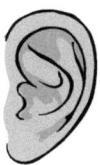

nofru

oreja

tondu

labio

hunuko

boca

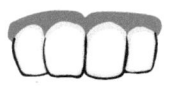

ñiire

diente

demngal

lengua

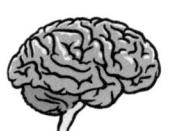

ngaandi

cerebro

bernde

corazón

ÿiye

músculo

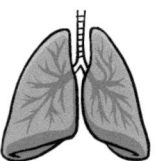

jofe

pulmón

heeñere

hígado

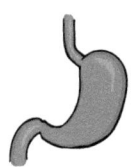

kuuse

estómago

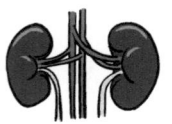

booÿe

riñones

leldaade

sexo

kawasal

preservativo

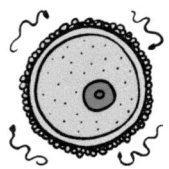

boccoonde

óvulo

maniiyu

semen

cowagol

embarazo

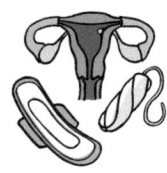

ella
menstruación

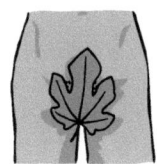

kottu
vagina

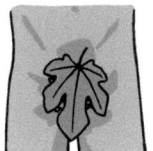

soolde
pene

leeɓol yitere
ceja

sukundu
pelo

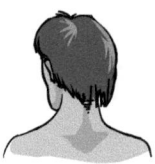

daande
cuello

ɓandu - cuerpo

safrirdu
hospital

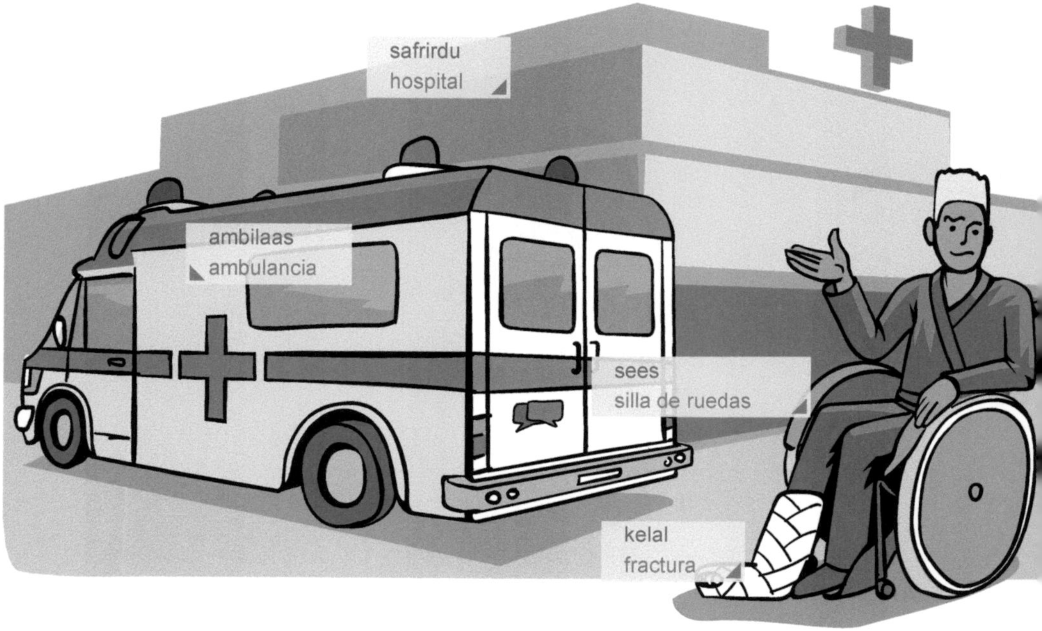

safrirdu
hospital
ambilaas
ambulancia
sees
silla de ruedas
kelal
fractura

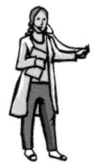

cafroowo

médico

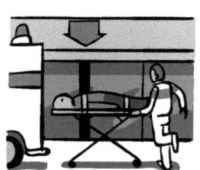

suudu heñaare

sala de guardia

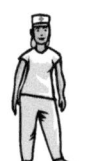

debbo cafroowo

enfermera

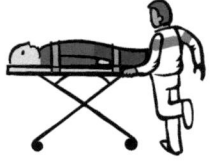

heñorde

emergencia

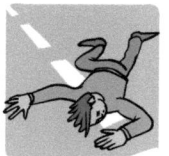

wondaane hakkile

inconsciente

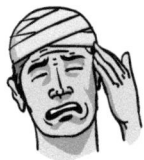

muuseeki

dolor

gaañande

lesión

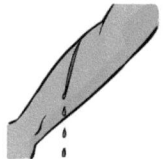

tuɗde ÿiiÿam

hemorragia

muuseeki ɓernde

infarto

piigol

ACV

nefo

alergia

ɗojjude

tos

ɓandu wulooru

fiebre

pali

gripe

ndogu reedu

diarrea

hoore muusoore

dolor de cabeza

kaaseer

cáncer

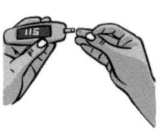

jabett

diabetes

oppiroowo

cirujano

jaggirdi

bisturí

oppeere

operación

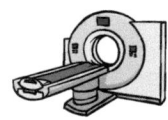

CT
TC

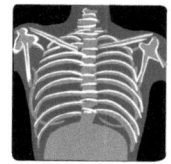

buudî x
rayos x

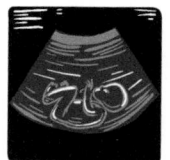

iltarasooŋ
ecografía

huurirdu yeeso
barbijo

rafi
enfermedad

heblorde
sala de espera

beeke
muleta

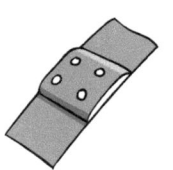

tabak
curita

bandaas
venda

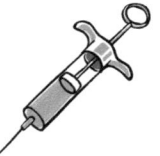

pinggu
inyección

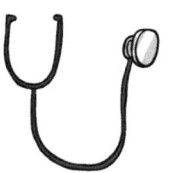

estetoskop
estetoscopio

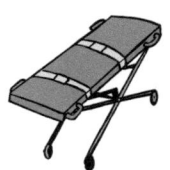

poodoowo
camilla

termomeeter safrirdu
termómetro

jibinande
nacimiento

buttidgol
sobrepeso

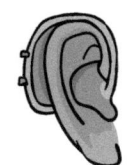

ballal nanirɗe

audífono

labbinoowo

desinfectante

raaɓo

infección

wiriis

virus

SIDAA

VIH / SIDA

lekki

remedio

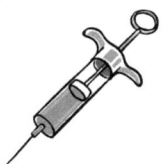

ñakko

vacunación

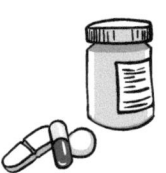

poɗɗe

comprimidos

foɗɗere

pastilla anticonceptiva

noddaango heñiingo

llamada de emergencia

ÿeewtorde yaadu ÿiiyam

tensiómetro

faawŋi / selli

enfermo / sano

Ballal

¡Ayuda!

pindinoowo

alarma

njangu

agresión

raañande

ataque

boomre

peligro

yaltirde yaawnde

salida de emergencia

Jeyngol

¡Fuego!

ñifoowo jeyngol

matafuego

aksida

accidente

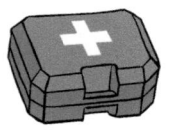

saawdu safaara gadano

botiquín de primeros
auxilios

SOS

SOS

poliis

policía

Orop

Europa

Amarik Rewo

América del Norte

Amarik Worgo

América del Sur

Afirik

África

Aasi

Asia

Ostaraali

Australia

Atalantik

Atlántico

Pasifik

Pacífico

Maayo Endo

Océano Índico

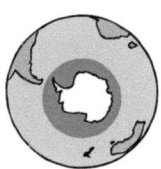

Maayo Antarkatik

Océano Antártico

Maayo Arkatik

Océano Ártico

Baŋe Rewo

polo norte

Baŋe Worgo

polo sur

Antarkatik

Antártida

Leydi

Tierra

leydi

tierra

maayo

mar

siire

isla

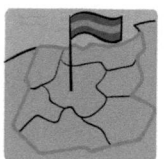

wuro

nación

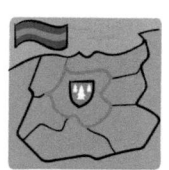

laamu

estado

yeeso waktu

esfera

jungo waktu

manecilla de las horas

jungo hojoma

minutero

jungo majaango

segundero

hol waktu?

¿Qué hora es?

ñalawma

día

saha

hora

jooni

ahora

mantoor nattoowo

reloj digital

hojoma

minuto

waktu

hora

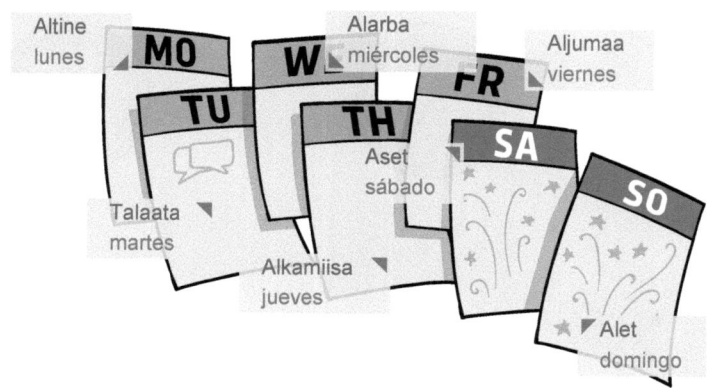

Altine / lunes
Alarba / miércoles
Aljumaa / viernes
Talaata / martes
Aset / sábado
Alkamiisa / jueves
Alet / domingo

hanki

ayer

hande

hoy

jango

mañana

subaka

mañana

ñalawma

mediodía

kikiiɗe

tarde

biir

días hábiles

ñalɗi

fin de semana

hitaande
año

toɓo
lluvia
timtimol
arco iris
nees
nieve
hendu
viento
demminaare
primavera
ndunngu
otoño
ceeɗu
verano
dabbunde
invierno

4.APRIL 11°
5.APRIL 4°
6.APRIL 13°
7.APRIL 8°
8.APRIL 10°

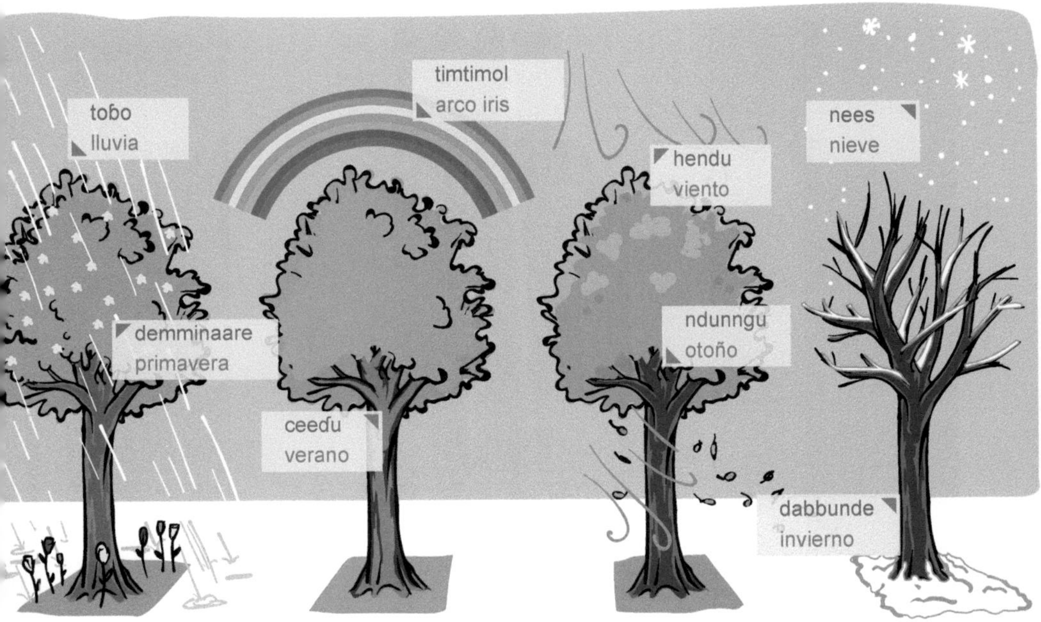

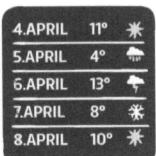

kabaaru weeyo

pronóstico meteorológico

F C
120 40
90 30
60 20
30 10
0 0
-30 -10
-20

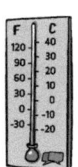

termomeeter

termómetro

naaŋini

luz del sol

ruulde

nube

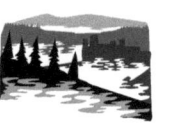

cuurki

niebla

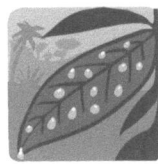

uddeende

humedad

majje

rayo

gidaango

trueno

hendu

tormenta

huɗɗni

granizo

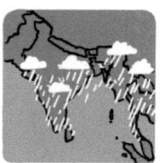

ruulɗini

monzón

waame

inundación

nees

hielo

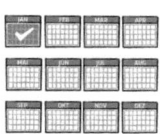

Siilo

enero

Colte

febrero

Mbooy

marzo

Seeɗto

abril

Duuyal

mayo

Korse

junio

Morse

julio

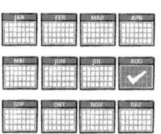

Juko

agosto

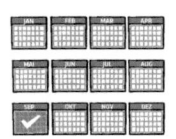

Siilto

septiembre

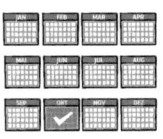

Yarkoma

octubre

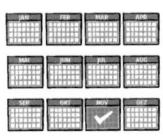

Jolal

noviembre

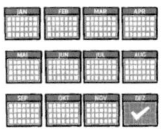

Bowte

diciembre

taarto

círculo

yaajeendi

cuadrado

yaajo

rectángulo

saraandi

triángulo

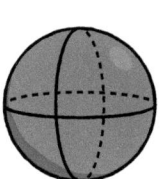

mbiifu

esfera

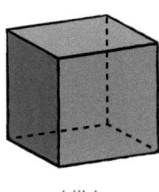

kiibb

cubo

daneejo

blanco

oolo

amarillo

oraas

naranja

roos

rosa

boɗeejo

rojo

mboongu

violeta

bulaajo

azul

werte

verde

cooyo

marrón

puro

gris

ɓaleejo

negro

heewi / seeɗa

mucho / poco

seki / deeyi

enojado / tranquilo

yooɗi / soofi

lindo / feo

fuuɗorde / gasirde

principio / fin

mawɗo / tokooso

grande / chico

leeri / niɓɓiɗi

claro / oscuro

maniraaɗo / miñiraaɗo

hermano / hermana

laaɓi / tunwi

limpio / sucio

timmi / manki

completo / incompleto

ñalawma / jamma

día / noche

maayi / wuuri

muerto / vivo

yaaji / faaɗi

ancho / angosto

nano / nanotaako

comestible / no comestible

boni / moÿÿi

malo / amable

softi / yoomi

entusiasmado / aburrido

ɓuttiɗi / sewi

gordo / flaco

adi / wattindi

primero / último

sehil / gaño

amigo / enemigo

heewi / ɓolɗi

lleno / vacío

muusi / weeɓi

duro / blando

teddi / hoyi

pesado / liviano

heege / ɗomka

hambre / sed

faawŋi / selli

enfermo / sano

wona laawol / laawol

ilegal / legal

feerti / muddiɗi

inteligente / estúpido

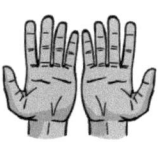

nano / ñaamo

izquierda / derecha

ɓatti / woɗɗi

cerca / lejos

ceeri - opuestos

keso / kiiɗɗo

nuevo / usado

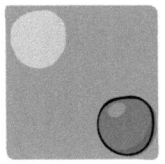

ndiga / huunde

nada / algo

nayeejo / suka

viejo / joven

huɓɓi / ñifii

encendido / apagado

uditi / uddii

abierto / cerrado

deeÿi / dille

silencioso / ruidoso

alɗi / waasi

rico / pobre

goonga / fenaande

correcto / incorrecto

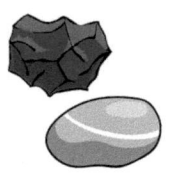

tiiɗi / nooyi

áspero / suave

metti / weli

triste / contento

raɓɓiɗi / juuti

corto / largo

leeli / yaawi

lento / rápido

leppi / yoori

mojado / seco

wuli / ɓuuɓi

caliente / frío

hare / jam

guerra / paz

0

ndiga

cero

1

gooto

uno

2

ɗiɗi

dos

3

tati

tres

4

nay

cuatro

5

joy

cinco

6

jeegom

seis

7

jeeɗiɗi

siete

8

jeetati

ocho

9

jeenay

nueve

10

sappo

diez

11

sappoy goo

once

12

sappoy ɗiɗi

doce

13

sappoy tati

trece

14

sappoy nay

catorce

15

sappoy joy

quince

16

sappoy jeegom

dieciséis

17

sappoy jeeɗiɗi

diecisiete

18

sappoy jeetati

dieciocho

19

sappoy jeenay

diecinueve

20

noogaas

veinte

100

teemedere

cien

1.000

ujunere

mil

1.000.000

miliyooŋ

millón

Aŋale
....
inglés

Aŋale Amarik
....
inglés americano

Mandare Siinaaɓe
....
chino mandarín

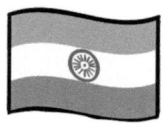

Hindi
....
hindi

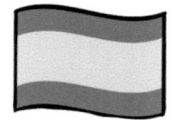

Españool
....
español

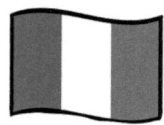

Farayse
....
francés

Arab
....
árabe

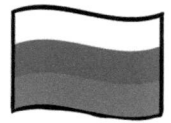

Riis
....
ruso

Portigees
....
portugués

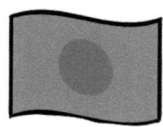

Bengali
....
bengalí

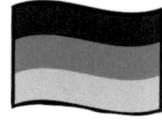

Almaa
....
alemán

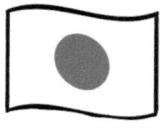

Sapponee
....
japonés

miin

yo

an

vos

♂ ♀ ○

kanko / kanko / kanum

él / ella

minen

nosotros

onon

ustedes

kamɓe

ellos

holoon?

¿quién?

holɗuum?

¿qué?

holnoon?

¿cómo?

holtoon?

¿dónde?

mande?

¿cuándo?

HELLO, I AM

inde

nombre

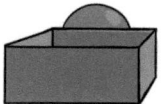

caggal

detrás

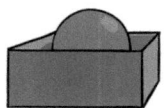

nder

en

sawndo

adelante de

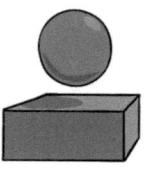

dow

por encima de

e

sobre

les

debajo de

sara

al lado de

hakkunde

entre

nokku

lugar